はじめに

みなさんは、毎日どんな給食を食べていますか？　日本の学校では、みんなで楽しく、おいしい給食を食べることができますね。世界には、給食がないため家に帰ってごはんを食べる国や、クラスの全員が給食を食べない国もあります。日本の給食制度はすばらしいと、ほかの国のモデルになることもあります。

世界には、地球温暖化や大雨、洪水などの異常気象の問題があります。食べ物が足りず、飢餓や栄養不足に苦しんでいる人たちもいます。SDGsとは、「Sustainable Development Goals（持続可能な開発目標）」を略した言葉です。国際連合に加盟する193の国々が、2030年までにやりとげることをかかげた、世界共通の17の目標（ゴール）です。世界中のすべての人がゆたかで平和にくらし続けられる社会にするためにつくられました。

この本は、みなさんにとって身近な学校の給食から、SDGsを考えるシリーズです。3巻「山の幸の給食」では、全国の山の幸を使った給食を紹介します。日本の学校給食では、四季の旬のものや地域の気候、風土にあった山の幸がたくさん使われています。みなさんが給食でできるSDGsの取り組みにはどんなことがあるか、考えてみましょう。

女子栄養大学 栄養学部 准教授
中西 明美

いちばん身近なSDGs

たのしい給食!

山の幸の給食

3

ぼたんなべって、どんななべ？

監修
女子栄養大学 栄養学部 准教授
中西 明美

小峰書店

もくじ

4	日本には山の幸（さち）がいっぱい！
6	山の幸（さち）とSDGs（エスディージーズ）
8	見てみよう！ 米づくりのSDGs（エスディージーズ）
10	見てみよう！ 発酵食品（はっこう）のSDGs（エスディージーズ）
12	日本の給食（きゅうしょく）と山の幸（さち）

★★★★★ みんなの5つ星給食を大紹介（だいしょうかい）！ 山の幸（さち）編（へん）

14	米①
16	米②
18	小麦①
20	小麦②

●生産量（せいさんりょう）ランキング

令和（れいわ）2年『作物統計調査（とうけいちょうさ）』（農林水産省（のうりんすいさんしょう））をもとに作図。1〜5位は文字と同じ色でぬり分け、6〜10位は黄色でぬっています。※小豆（あずき）については、2021年は主産県（しゅさんけん）のみを対象（たいしょう）に調査（ちょうさ）を実施（じっし）。

●国内生産量（せいさんりょう）の変化（へんか）

『作物統計調査（とうけいちょうさ）』（農林水産省（のうりんすいさんしょう））をもとに作図。

●輸入（ゆにゅう）・輸出量（ゆしゅつりょう）の変化（へんか）

『農林水産物輸出入情報（のうりんすいさんぶつゆしゅつにゅうじょうほう）』（農林水産省（のうりんすいさんしょう））、『貿易統計（ぼうえきとうけい）』（財務省（ざいむしょう））をもとに作図。

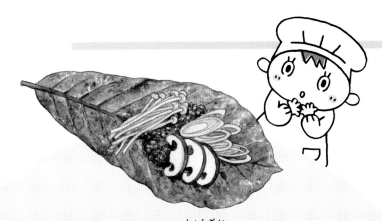

22 **注目!** 身近な食材　麦のこと知ってる？

24 大豆・小豆

26 肉・野菜・果物など ①

28 肉・野菜・果物など ②

30 **注目!** 和食のよさを見直そう！

32 特別な日の料理 ①

34 特別な日の料理 ②

36 **注目!** まだまだある！　山の幸の郷土料理

38 みんなにもできる！　山の幸のSDGs

日本には山の幸が いっぱい！

日本は山が多い国

　日本は南北に長く、地域ごとに気候が多様な国です。陸地の約3分の2は高い山々がつらなる山地で、ほかにも小さな山や丘が続く丘陵地もあります。山地と丘陵地を合わせると、陸地の4分の3ほどにもなります。この本では、人があまり立ち入らない深い山は奥山、人の手が入った山は里山とよび、里山を利用しながらくらす地域を里とよんでいます。

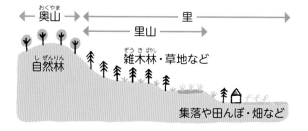

奥山　里
里山
自然林　雑木林・草地など
集落や田んぼ・畑など

里山を利用したくらし

　里山は、集落に近い山です。里にくらす人は木の実や山菜などの食べ物を手に入れるだけでなく、里山の木を切って木材やまきにしたり、植物のつるでかごをあんだり、落ち葉を拾って肥料にしたりと、里山をじょうずに利用してきました。里では、落ち葉でつくった肥料や、煮たきに使ったまきの灰を使って野菜を育てるなどして、農業をいとなんできました。

ふき
たけのこ
ぜんまい
わらび
しいたけ
玉ねぎ
アスパラガス
にんじん
春

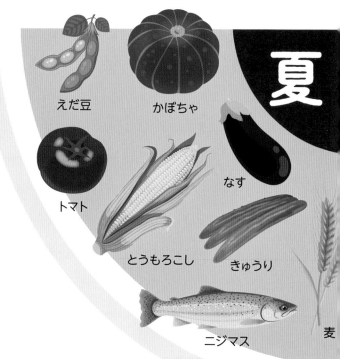

えだ豆
かぼちゃ
トマト
なす
とうもろこし
きゅうり
ニジマス
麦
夏

山の幸の 旬カレンダー

こまつな

長ねぎ

だいこん

はくさい

にんじん

みかん

冬

秋

ごぼう

りんご

れんこん

小豆

大豆

かき

さつまいも

くり

しいたけ

しめじ

米

四季のめぐみを食べる

　この本では、日本各地の里でとれる食べ物を「山の幸」とよびます。山の幸には、収穫できる実りの季節があり、そのもっともおいしくなる時期を旬といいます。春には里山で山菜が、夏には畑で野菜がとれます。秋は収穫の季節です。米やいも類、木の実や果物もたくさんとれて、もっとも充実する季節です。真冬にはあまり作物はとれませんが、秋にとった食べ物をじょうずに保存して食べてきました。

　これら四季の旬のものや、地域の気候や風土に合った山の幸を食材にして、それぞれの土地で、個性ゆたかな郷土料理が生まれました。

旬のものと保存食が組み合わさった食文化

　現代では、多くの人が町でくらし、里山のめぐみを利用してきたかつての生活文化は失われつつあります。しかし、里で育まれた文化には、わたしたちが大切にすべきものがたくさんあります。たとえば、冬をこすための保存食の文化。今では農業の技術が発達して、一年中食べ物が手に入りますが、本来は、干したり、つけたり、けむりでいぶしたり、砂糖で煮たりするなど、地域に合った方法で食材をくさりにくくして保存していました。

　郷土料理には、旬のものと保存食をじょうずに利用した、魅力的な料理がたくさんあります。

山の幸とSDGs

山に生きるさまざまな動植物にも、わたしたちの活動が影響しています。どんな課題があって、わたしたちはどんなことに取り組まなければならないのか、一部を紹介します。

里山には手入れが必要

現代では、昔ほど里山を利用する機会はありません。人が山に入らなくなったことで、つる性の植物やササなどがのびほうだいになり、あれてしまった里山が各地にあります。あれた里山は日光がとどきにくいため、多様な植物が育たなくなり、そこをすみかにしていた生き物もへってしまいます。

いっぽうで、あれて見通しが悪くなった里山には、シカやイノシシなどの野生動物がすみつくようになりました。十分なえさをとれなくなった野生動物は、人のくらす集落に下りて、畑をあらしてしまっています。クマなど危険な動物の場合は、安全のためにやむをえず、命をうばうこともあります。人間と野生動物の両方のくらしを守るためにも、里山の手入れが必要です。

ここがSDGs!

里山のシカやイノシシは、地球温暖化によって雪がへり、くらしやすくなったことで年々数がふえています。このことは、畑の被害がふえる原因にもなっています。野生動物がふえすぎないためには、里山を整備するだけでなく、地球温暖化をふせぐ取り組みも重要です。

里でとれた野菜を食べている町の人にも、かかわることだね！

みんなが住んでいるところの近くにも里山はあるかな？　どんな取り組みがおこなわれているか調べてみよう！

奥山

里山

里

町

とりすぎない！

勝手に里山に入って、山菜やきのこなど山の幸をとりつくす人がいます。自然の植物は、すべてつんでしまうと、次の年、新しく生えてきません。また、山にも必ず持ち主がいるので、勝手に入ってはいけません。

ここがSDGs!

里の人は自分たちが食べる分を少しずつとり、動物たちと分け合ってきました。自然のめぐみは、バランスよく利用することが大事です。

環境を大事にする農業を！

農業では、作物を病気から守り、よく成長させるために農薬や肥料を使います。しかし、それらを使いすぎると、自然環境をこわしてしまうこともあるため、現在は、環境を守りながら農業を続けられるように、さまざまなくふうをしています。

たとえば、病気を運んでくるアブラムシをテントウムシに食べてもらって農薬をへらしたり、田んぼの水に米ぬかでつくった肥料をまいて水をにごらせ、光を好む雑草を生えないようにさせたりするなど、さまざまな方法があります。

ここがSDGs!

かつて、りんご栽培では、手作業で一つひとつの花に花粉をつける授粉の作業が必要でした。しかし今は、その作業をマメコバチが手伝ってくれています。マメコバチなど小さな生き物は農薬の影響を受けやすいので、ハチが飛んで授粉を手伝う時期には農薬を使わないなどの対策をしています。

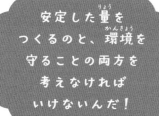

安定した量をつくるのと、環境を守ることの両方を考えなければいけないんだ！

りんごの授粉を手伝うマメコバチ。

見てみよう！
米づくりのSDGs

米づくりは持続可能な農業

日本では、田んぼでの米づくりを2000年以上続けてきました。米づくりをおこなうことで食料が安定すると、人口がふえ、ふえた人口をささえるために、さらに田んぼがふえていきました。

2000年以上もの長い間、日本が米づくりを続けてこられたのは、田んぼと自然環境のバランスをじょうずに保ってきたからです。森を切り開き、自然に手を加えて田んぼにしますが、一方的にこわすのではなく、くらしやすいように手入れをして、田んぼと自然の両方を守ってきました。

未来のためにすべきSDGsの目標の中にも、日本の米づくりですでにやってきたことがたくさんあります。米づくりがかかわるSDGsを、いくつか見てみましょう。

田んぼがあることで
環境にいいことが
いっぱいあるんだ！

昔ながらのたな田で知られる四谷の千枚田（愛知県）。山を切り開いてつくったたな田が何枚も続く、美しい里山の風景です。

米と田んぼはここがすごい!

❶ 水や空気をきれいにする

　雨が田んぼの下にしみこむときに、いらないものが取りのぞかれて、きれいな水になります。また、田んぼの米やまわりの草は、光合成で二酸化炭素を酸素に入れかえ、空気をきれいにしています。

❷ 気温を調整する

　水には、蒸発するときにまわりの熱をうばって温度を下げる働きがあります。田んぼで水が蒸発すると、まわりをすずしくします。そのすずしい空気は風で運ばれ、町もすずしくなります。

❸ 土砂くずれをふせぐ

　たな田のあぜをこまめに修理することで、斜面のくずれをふせぎます。また、田んぼの地下にあるかたい土の層は斜面を強くしています。さらに表面に水をはれば、土が風で飛んでしまうこともふせげます。

❹ 洪水をふせぐ

　洪水は、大雨が降って、川の水が急にふえることなどで起こります。田んぼのある環境では、雨は、一時的に田んぼにたまり、土にしみこんで地下水となって、ゆっくり下流に移動するため、洪水がふせげます。

❺ 生き物のすみかになる

　田んぼには、ゲンゴロウやドジョウ、カエルなどさまざまな生き物がいて、それらを食べる鳥などが集まります。田んぼのある環境が、生き物のすみかになり、生物多様性をささえています。

❻ 効率よく食料をつくれる

　同じ面積での収穫量は、米が麦の1.5倍です。しかも麦は、同じ畑で続けて栽培できませんが、米は同じ田んぼで何年でも続けてつくれます。効率よく、多くの人々の食料をつくることができます。

発酵食品のSDGs

微生物の力を使った食品

発酵食品とは、食材を、酵母やカビ、細菌などの微生物の働きによって変化させた食べ物のことです。今から約7000年前、牛や羊の乳から偶然できたヨーグルトが起源だといわれています。日本でも、約4000年前の縄文時代の終わりごろには、魚やどんぐりを発酵させた食品がつくられたといわれます。

世界中に発酵食品の文化があり、日本でも、たくさんの発酵食品を使っています。山の幸である大豆でつくったみそやしょうゆは、学校の給食でも、毎日のように使われる食材です。

今日の給食にはどの発酵食品が使われているかな？調べてみよう！

酵母
（ビール酵母、パン酵母など）

パン

ビール

ワイン

アルコールの働きで味がしみやすくなる！

ぬか漬けは、野菜を乳酸菌などが発酵させるよ！

漬物

果実酢

VINEGAR

みそ

しょうゆ

穀物酢

味醂　みりん

焼酎

日本酒

みそ汁や煮物の出汁に欠かせない食材

カツオ節

以前は西日本ではあまり食べなかったけれど、今は全国の学校で人気！

ナチュラルチーズ

納豆

ヨーグルト

牛乳ではなく、豆乳でつくるヨーグルトもある！

カマンベールチーズ

ブルーチーズ

魚のかす漬けは、日本酒のしぼりかすを使った献立

甘酒

菌
（乳酸菌、酢酸菌、納豆菌など）

カビ
（麹菌、カツオブシカビなど）

人間の役に立つ発酵

発酵は、くさることとはちがいます。どちらも同じように、微生物の働きで食材が変化することですが、くさるというのは、人間に悪さをする変化のことです。たとえばいやなにおいをさせたり、毒をもつようになったりして、食材が食べられなくなります。

反対に、人間にとってよい変化をするのが発酵です。発酵した食材は、おいしくなったり、栄養価が高まったりします。たとえば納豆は、ゆでた大豆とくらべて、ビタミンB_2が7倍、ビタミンKが85倍にもふえるのだそうです。

ここがSDGs!

発酵食品にふくまれる菌は、人間の腸内の善玉菌（体によい働きをする菌）をふやす手助けをしてくれます。善玉菌の代表である乳酸菌やビフィズス菌は、おなかの調子を整えるほか、悪い菌やウイルスをやっつける力を高めたり、アレルギーをおさえたりする働きをしています。発酵食品を食べて、健康な体づくりをめざしましょう。

よいことがいっぱいだから、積極的に食べたいな！

発酵食品にはよいところがいっぱい！

おいしくなる

栄養価が高まる

長く保存できるようになる

栄養が体に吸収されやすくなる

よい菌が体の調子を整える

体によい成分をつくる

発酵が切り開く未来

未来の地球では、人口がふえて、食料が不足すると予想されています。その問題を解決するために、発酵の力が注目されています。たとえば、落ち葉を発酵させ、葉にたくわえられていたでんぷんをブドウ糖に変えて、食べられるようにするといった研究です。人間の大事なエネルギー源であるブドウ糖をつくれれば、食料問題の解決につながります。

世界中の落ち葉を発酵させれば、たくさんのブドウ糖をつくることができる。

日本の給食と山の幸（さち）

日本の学校の給食では、献立（こんだて）でごはんをふやし、郷土料理（きょうどりょうり）を取り入れ、発酵食品（はっこう）をはじめとする伝統（でんとう）の食材（しょくざい）を使うことがすすめられています。その理由は、給食を通して、社会のさまざまな問題を解決（かいけつ）しようとしているからです。

たとえば、肥満問題（ひまん）と食料自給率（しょくりょうじきゅうりつ）を上げることへの解決策（かいけつさく）として、ごはんの給食、つまり栄養（えいよう）バランスのよい和食をふやすことが役立ちます。

また、郷土料理（きょうどりょうり）の給食では、自分たちの住む地（ち）域（いき）や、ほかの地域（ちいき）の食文化を知り、それを未来（みらい）に伝（つた）えることにつながります。郷土料理（きょうどりょうり）は、地域（ちいき）の食材（しょくざい）を使うことが多いため、地産地消（ちさんちしょう）（地元で生（せい）産（さん）したものを地元で消費（しょうひ）すること）にもつながるでしょう。

給食には、海の幸（さち）とともに、山の幸（さち）が欠（か）かせません。毎日の給食にどれだけの山の幸（さち）が使われているかを知り、里山や里の文化を考えるきっかけにしてみましょう。

いろいろな
地域の献立と
SDGsの取り組みを
見ていこう！

みんなの
5つ星
給食を大紹介！

山の幸 編

この本では、全国の山の幸を使った給食を紹介します。
どれもこれも、5つ星をつけられるほどのおいしさ！
それらの給食には、じつは、**SDGsにつながる取り組み**も
たくさんかくれているのです。
さあ、いろいろな地域の給食を見てみましょう！

米① 【こめ】

古くから日本人の主食で、もっとも大事な食べ物です。1945（昭和20）年に終結した太平洋戦争中は米不足で、決まった量が国から配給されていました。戦後の給食ではパンがほとんどでしたが、1976（昭和51）年から米が主食として本格的に取り入れられるようになりました。

五平もち▶
長野県・愛知県・岐阜県・富山県・静岡県

砂糖を加えたみそやしょうゆベースのたれをつけます。

つぶしたごはんをくしにさします。

わらじ形、だんご形など、地域によって形がちがいます。

香ばしく焼いていただきます。

献立の例

- **五平もち**
- 野沢菜和え
- いも煮汁
- アロエヨーグルト
- 牛乳

写真提供／上田市第二学校給食センター（長野県）

長野県など、中部地方の山間部に伝わる料理です。昔は米が貴重だったため、お祝いやおもてなしの料理として食べられました。地域によって、形やたれの味つけがちがいます。長野県では、すりつぶしたくるみを入れた、くるみみそが代表的です。長野県上田市の小学校では、秋の収穫に感謝する献立として出されます。

ここがSDGs!

╲ チェック ╱
SDGsの取り組み

里山の間伐材をじょうずに利用

五平もちのくしは、地域によって材料がちがいます。長野県南東部の伊那地方では竹を、南西部の木曽地方ではヒノキ（上の写真）を使うそうです。里山の手入れをして、間引いた木材（間伐材）などを、じょうずに使ってきました。

●生産量ランキング

（2021年）

1位 新潟県
2位 北海道
3位 秋田県
4位 山形県
5位 宮城県

寒い地域を中心に、2021年では全国で756万トンの生産量がありました。

●国内生産量の変化

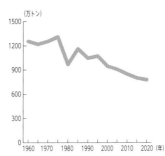

（万トン）

もっとも多かった1970年代の3分の2以下にへっています。

●輸出入量の変化

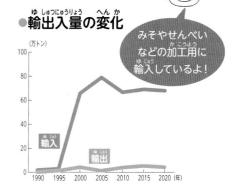

（万トン）

国際的な合意により、1995年から一定の量の米の輸入を受け入れています。

みそやせんべいなどの加工用に輸入しているよ！

きりたんぽなべ ▶ 秋田県

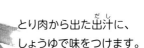

きりたんぽは、つぶしたごはんをくしにまいて焼きます。

とり肉や、きのこ、長ねぎ、ごぼうなどの山の幸の具がたっぷり。

とり肉から出た出汁に、しょうゆで味をつけます。

具といっしょに煮こむと、つゆがしみておいしい！

献立の例

写真提供／大館市成章学校給食センター（秋田県）

・きりたんぽ汁
・卵焼き
・野菜のとんぶり和え
・ゼリー
・牛乳

きりたんぽは、秋田県を代表する郷土料理です。発祥の地である県北部の鹿角地域では、水辺に生えるガマの穂を「たんぽ」とよんだことから、この名がついたといわれています。すりばちでつぶしたごはんをくしに細長くまいて表面を焼き、みそをぬってさらに焼いたり、なべで煮たりして食べます。給食では、きりたんぽ汁として登場します。

ここがSDGs!

\ チェック /

食材の取り組み

持ち歩きに便利なアウトドアごはん

きりたんぽのはじまりは、きこりが山小屋でたいたごはんを長持ちさせるために焼いたという説や、猟師が山で狩りをするために持っていったという説などがあります。山仕事をする人々が、元気に仕事ができるように持ち歩いた保存食がはじまりです。

米② 【こめ】

冷や汁 ▶ 宮崎県

白米のごはんや麦ごはんに、
つゆをかけて食べます。

しそやしょうが、
みょうがなどの
薬味のかおりがさわやか。

タイやアジなどのほぐし身と、
とうふが入ってたんぱく質も
ばっちり！

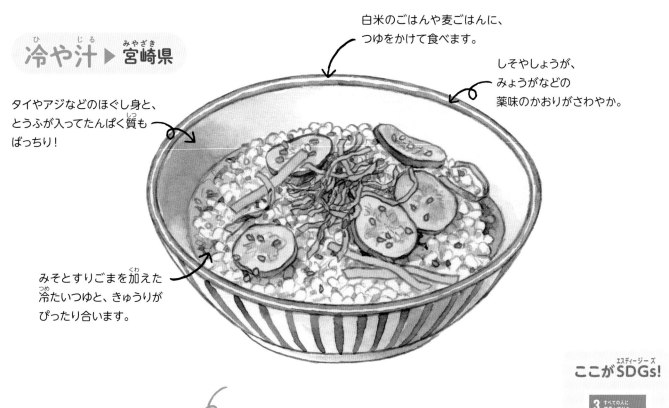

みそとすりごまを加えた
冷たいつゆと、きゅうりが
ぴったり合います。

献立の例

写真提供／延岡市立南方小学校（宮崎県）

・ごはん
・**冷や汁**
・野菜の炒り煮
・ムース
・牛乳

冷や汁は、冷たくてさっぱりしているので、暑い夏でもどんどん食べられます。具もたくさん入っていて、栄養をしっかりとることができ、給食でも人気です。きゅうりやしそ、しょうが、みょうが、ごまやみそなどの山の幸と、タイやアジなどの海の幸の両方が味わえる、宮崎県ならではの郷土料理です。

ここがSDGs!

3 すべての人に健康と福祉を

\ チェック /

SDGsの取り組み

暑い日も食べやすく
熱中症対策にぴったり

夏の宮崎県は、山と海に囲まれてむし暑くなります。冷や汁は、暑さの中、重労働をする農民が、時間がないときや食欲がないときでも食べられるように考えられた伝統料理です。水分が多く、みその塩分がきいていて、熱中症対策にもぴったりです。

かてめし ▶ 埼玉県・群馬県・神奈川県 など全国

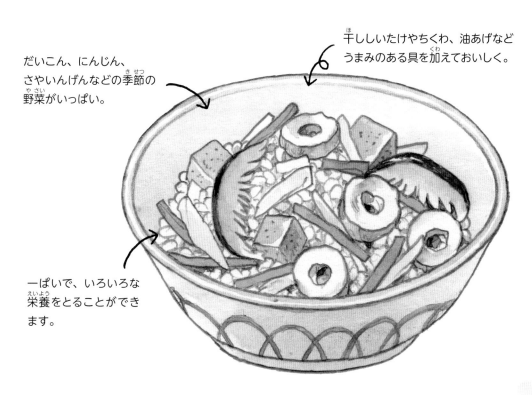

だいこん、にんじん、
さやいんげんなどの季節の
野菜がいっぱい。

干ししいたけやちくわ、油あげなど
うまみのある具を加えておいしく。

一ぱいで、いろいろな
栄養をとることができ
ます。

献立の例

・かてめし
・イワシの佃煮
・鋳物汁
・牛乳

写真提供／川口市立並木小学校（埼玉県）

　ごはんになにかしらの具をまぜたものを、かて
めしといいます。具はなんでもよく、さつまいも
だけだったり、しいたけやだいこん、にんじんやい
も類などを煮こんだものだったりします。埼玉県
の南部や西部では、さといものくきを干したずい
きを入れたり、北部ではごはんに酢を入れたりと、
地域によって具も味つけもさまざまです。

ここがSDGs!

\ チェック /

SDGsの取り組み

少ない量でも
おなかいっぱいに

　米があまりとれない地域や、米が貴重だった
時代に、主食をおなかいっぱい食べられるように
くふうした料理が「かてめし」です。野菜や、あ
わやひえなど、米より安く手に入るもののほか、
山菜やくり、きのこなど、里山でとってきた具を
まぜたかてめしもあります。

小麦① 【こむぎ】

日本では古くから、うどん用の中力粉になる小麦を栽培してきましたが、近年ではパンや中華めんなどに向く強力粉の品種が次々と開発されています。稲の栽培が終わった秋の田んぼに麦を植えて春に収穫するなどで、土地を有効活用してきました。

ほうとう ▶ 山梨県

じゃがいも、だいこん、はくさいなど、山の幸の野菜もたっぷり。

平たいほうとうめんをみそ味のつゆでぐつぐつ煮こみます。

かぼちゃが入ると、あまみがついておいしくなります。

つゆは、とろみがあって冷めにくく、体が温まります。

献立の例

写真提供／農林水産省WEBマガジン『aff』2020年12月号〈山梨市学校給食センター（山梨県）〉

・**ほうとう**
・きな粉あげパン
・れんこんとツナの和え物
・りんご
・牛乳

給食では、食べるときにおいしい状態になるように、めんがのびないくふうをしているんだって！

平たいめんが特徴の、山梨県の郷土料理です。うどんとちがい、めんを打つときに塩を使いません。めんを下ゆでせずに煮こむので、めんにまぶされた小麦粉でつゆにとろみがつきます。とろみのあるつゆは、冷めにくいのが特徴です。

ここがSDGs!

11 住み続けられるまちづくりを

\チェック/
SDGsの取り組み

クワ畑で麦をつくる！

山が多い山梨県には、米づくりに向いた広い土地がありません。その代わり、絹をつくる養蚕がさかんで、カイコ（上の写真）のえさとなるクワを栽培し、収穫後は麦をつくりました。同じ畑で1年に2種類の作物をつくることで、土地を有効活用する知恵です。

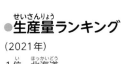

●生産量ランキング

（2021年）
1位 北海道
2位 福岡県
3位 佐賀県
4位 愛知県
5位 三重県

●国内生産量の変化

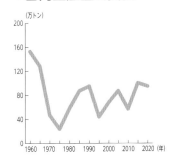
（万トン）

●輸入量の変化

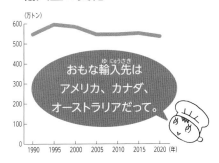
（万トン）

おもな輸入先は
アメリカ、カナダ、
オーストラリアだって。

北海道が7割をしめていますが、ほかに生産量が多いのは暖かい地域です。

国内では、地域の気候に合った品種を栽培しています。

国内生産量とくらべ、かなり多い量を輸入しています。

しっぽくうどん ▶ 香川県

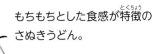

もちもちとした食感が特徴の
さぬきうどん。

油あげやとうふも入り、
たんぱく質もとれて
栄養バランスよし！

だいこん、にんじん、
長ねぎなどの
冬野菜を使います。

いりこ（イワシの煮干し）の
出汁を使ったつゆ。

ここがSDGs！

7 エネルギーをみんなに そしてクリーンに
11 住み続けられる まちづくりを

献立の例

写真提供／三木町立氷上小学校（香川県）

・小型コッペパン
・**しっぽくうどん**
・かきあげ
・だいこんの
　おかか和え
・牛乳

＼チェック／ SDGsの取り組み

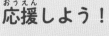

香川県の国産小麦を応援しよう！

写真提供／香川県

今、日本のうどんの原料のほとんどは、オーストラリア産の小麦です。しかし香川県は、地域の小麦栽培を守ろうと、新品種「さぬきの夢」を開発し、その商品づくりにも力を入れています。国産の小麦を使えば、食料自給率を上げられ、運ぶときのエネルギーの節約にもなります。

小麦の産地である香川県は、おいしいうどんの名産地でもあります。そんな香川県で、寒い季節によく食べるのが「しっぽくうどん」です。つゆは、秋冬にとれる野菜ととうふ、油あげを、出汁で煮こんでつくります。カツオ節ではなく、地元でとれるいりこの出汁を使うのが、しっぽくうどんのおいしさのひみつです。

小麦② 【こむぎ】

がんづき ▶ 岩手県・宮城県など

蒸気でむすので、
ふわふわ、もちもちになります。

ごまやくるみなどの
山の幸を上にのせると、
香ばしくておいしい!

やさしいあまさの
むしパン。

白砂糖、または黒砂糖を
使ったり、しょうゆやみそを
入れたりと、地域によって
味つけがちがいます。

・ごはん
・奥州なべ
・野菜の和え物
・**がんづき**
・牛乳

献立の例

写真提供／奥州市立水沢南小学校（岩手県）

小麦粉に、卵、重曹、砂糖をまぜてむした、むしパンです。もともとは、岩手県や宮城県などで、農作業の合間に食べるおやつでした。この献立で紹介する黒砂糖を使った「黒がんづき」のほか、白砂糖と牛乳を使った「白がんづき」もあります。各家庭で手づくりされてきたおやつで、給食でも人気の献立です。

ここがSDGs!

＼チェック／ SDGsの取り組み

米粉を使えば、小麦アレルギーの人も安心!

写真提供／奥州市立水沢南小学校（岩手県）

がんづきは、小麦粉の代わりに米粉でつくることもできます。米粉のがんづきを売るお菓子屋さんもあります。材料を米粉にすれば、小麦アレルギーの人でも食べられます。水沢南小学校では米粉のがんづきを出し、みんなが同じものを食べられると大好評です。

すいとん ▶ 栃木県・群馬県・熊本県など

小麦粉をこねたすいとんは、もっちりした食感でおいしい。

つゆは、しょうゆ味やみそ味など、家庭や地域でちがいがあります。

「水団」という字を書きます。水（汁）に入れた団子という意味です。

「ばっとう汁」「だんご汁」「つめりっこ」「ひっつみ」など、地域によってさまざまなよび名があるんだって！

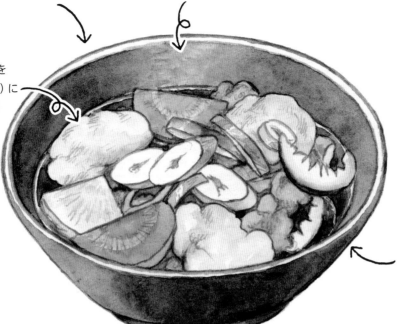

だいこん、にんじん、ごぼう、長ねぎ、さといもやかぼちゃなどの山の幸がたっぷり。

写真提供／宇都宮市立新田小学校（栃木県）

献立の例

・麦入りごはん
・**すいとん**
・イカのみそ漬け焼き
・おひたし
・お魚ふりかけ
・牛乳

小麦粉を水でこねてちぎったすいとんを、つゆで煮こんだ料理です。野菜や肉を入れれば、バランスのよい食事になります。1923（大正12）年の関東大震災や、1941〜1945（昭和16〜20）年の太平洋戦争の食糧不足のころには、店や家庭でよくつくられていました。今では食べる機会はへりましたが、給食などで登場します。

ここがSDGs！

16 平和と公正をすべての人に

＼チェック／

SDGsの取り組み

食べ物がない時代に国民の空腹を満たした

写真提供／Alamy／PPS通信社

食べ物の配給にならぶ人々。

太平洋戦争中（上の写真）や戦後などの食糧不足の時代に、比較的手に入りやすかったのが小麦粉です。当時のすいとんは味がうすく、具もほとんど入っていませんでした。すいとんを食べ、戦争について考えるきっかけにしてもよいですね。

身近な食材
麦のこと知ってる？

麦は、米と同じ穀類で、おもに粉にして使います。麦は、もともと寒さに弱かった米とはことなり、すずしくてかわいた気候に向いていて、畑で栽培します。水田でつくる米は、アジアの比較的あたたかく水の豊富な地域で栽培されてきましたが、寒さに強い麦はヨーロッパなどで多く栽培されてきました。

麦を日本でいちばん多くつくっているのは、すずしい気候の北海道です。北海道ではおもに、畑で小麦を栽培しています。ほかの地域では、米を収穫したあとのかわいた水田で、小麦や大麦を栽培したり、米をつくり終わったあとの水田で、小麦や大麦、大豆などを2～3年ごとに栽培する場合が多いようです。

知ってる？ 日本で栽培される麦は、おもに4種類！

小麦	二条大麦	六条大麦	はだか麦
主食とする地域が世界でもっとも多い作物。	大麦の中でも、粒が2列になるもの。大粒。	大麦の中でも、粒が6列になるもの。小粒。	大麦の中でも皮がむけやすいもの。六条のものが多い。

ケーキ、クッキー、パン、めん、しょうゆ など	ウイスキー、ビール、麦焼酎 など	麦ごはん、麦茶 など	麦みそ など

知ってる？ 小麦は、品種によって使いみちがちがう！

小麦には、さまざまな品種がありますが、ふくまれるたんぱく質の量によって使いみちが変わります。たんぱく質が多いものは、粉にしてこねたときにねばり気が強いので、強力粉とよばれます。ねばり気が少ないものは薄力粉、その中間くらいのねばり気のものが中力粉です。強力粉は食パンや中華めん、中力粉はうどん、薄力粉はクッキーやケーキ、天ぷらの衣などによく使われます。

日本の気候に合い、多く栽培されてきたのは、中力粉の品種です。ですから、各地に中力粉を使った、うどんなどの郷土料理が生まれました。

地元で栽培された小麦粉という意味の「地粉」として売られている国産小麦粉。いろいろな種類があって、地域ごとに味わいがちがう。

写真提供／星野物産株式会社（左）、日穀製粉株式会社（右）

知ってる？ 麦のほとんどは輸入！

日本では、小麦や二条大麦、六条大麦の8～9割を輸入しています。日本がそれほど多くの麦を輸入するようになったのは、アメリカが関係しています。

1945（昭和20）年に終結した太平洋戦争後の日本は食糧不足で、アメリカの支援を受けて、小麦を安く輸入していました。しかし、しばらくして日本の農業が復興すると、小麦の輸入がへりました。そこで、小麦をたくさんつくっていたアメリカは、日本政府をあとおしして、「小麦粉の料理は栄養があってよい」と宣伝したのです。給食でパンを食べなれたことや、その宣伝もあって、日本に小麦粉を使った料理が定着したため、麦の輸入が多くなったのです。

コロッケやドーナツなど、当時ではめずらしい料理を教えてたんだって！

栄養指導車が、全国で小麦粉を使った料理をすすめて回った。

写真提供／青森県立郷土館　撮影／佐々木直亮氏

大豆・小豆 【だいず・あずき】

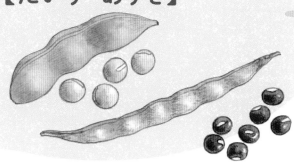

大豆はみそやしょうゆ、サラダ油の原料になるほか、そのまま煮物で、また、粉にしてきな粉でと、さまざまな形で給食に使われます。いっぽう小豆は、ほとんどがあんこに加工されます。給食では草もちやようかんなど、デザートでよく登場します。

朴葉みそ ▶ 岐阜県

大きな朴葉（ホオノキの葉）を皿の代わりにして、炭火で焼きます。

みそに、長ねぎやきのこなどの山の幸を加えて焼き、ごはんにのせて食べます。

具に水分があるため、朴葉はもえません。

ここがSDGs!

15 陸の豊かさも守ろう

献立の例

写真提供／高山市学校給食本郷センター（岐阜県）

・麦ごはん
・**こもどうふの朴葉みそ焼き**
・飛騨赤かぶサラダ
・寒干しすくな汁
・飛騨りんご
・牛乳

\チェック/
SDGsの取り組み

山のめぐみで食材が長持ち！

飛騨地方の人々は、朴葉（上の写真）を拾って、皿やふたの代わりにしてきました。朴葉には殺菌効果があり、食べ物を包むとくさりにくくなります。また、食べ物に朴葉のよいかおりがつきます。食材を長持ちさせることも、SDGsに通じるくふうです。

香ばしく焼けたみそがおいしい朴葉みそは、岐阜県北部の飛騨地方に伝わる郷土料理です。きびしい寒さで食材がこおることもあるため、地域の人々は漬物やみそなどを朴葉にのせて温めながら食べてきました。観光客向けの飲食店では、牛肉をのせたりもします。写真の給食では、飛騨地方の郷土料理の「こもどうふ」（→37ページ）を朴葉みそにしました。

【大豆】

●生産量ランキング
（2021年）

1位 北海道
2位 宮城県
3位 秋田県
4位 滋賀県
5位 青森県

●国内生産量と輸入量の変化

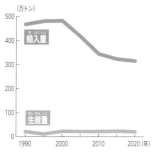

（万トン）

輸入量

生産量

大豆の自給率は、わずか6％です。

【小豆】

●生産量ランキング
（2021年）

1位 北海道
2位 兵庫県
3位 京都府
4位 滋賀県

●国内生産量と輸入量の変化

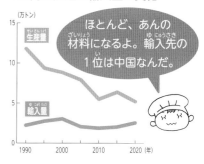

（万トン）

生産量

輸入量

ほとんど、あんの材料になるよ。輸入先の1位は中国なんだ。

和菓子の消費量がへり、小豆の生産量もへっています。

けの汁 ▶ 青森県

きざんだだいこん、にんじん、ごぼう、山菜などの山の幸がどっさり！

大豆やとうふが入って、たんぱく質もとれます。

みそやしょうゆで味つけしたつゆ。

献立の例

・ごはん
・ぶた肉のしょうが焼き
・はくさいのおかか和え
・**けの汁**
・牛乳

写真提供／黒石市立東英小学校（青森県）

青森県西部の津軽地方の郷土料理です。昔は1月14〜16日の小正月に女性たちが里帰りしていたので、残った家族がその間に食べるものとしてつくられました。たくさんの具が入って栄養があり、温め直すたびに味がしみるので、つくり置きにぴったりの料理です。

でっちようかん ▶ 滋賀県

竹の皮ごと切り分けて食べます。

重しをのせてつくるので平たい形。

ほんのり竹の皮のいいかおりがします。

献立の例

・アメノイオごはん
・かきあげ
・赤こんにゃく煮
・打ち豆汁
・**でっちようかん**
・牛乳

写真提供／近江八幡市学校給食センター（滋賀県）

ふつうの練りようかんは、砂糖で煮た小豆のあんを寒天で固めますが、でっちようかんは小麦粉を入れてむして固めます。海のない滋賀県では寒天の原料であるテングサが手に入りにくかったので、代わりに小麦粉を使ったといわれています。もちもちした食感と、竹のかおりが特徴のおやつです。

肉・野菜・果物など①

肉を使った伝統料理の給食や、地域に根づいて愛されている野菜を使った給食がたくさんあります。
地元のじまんの食材を使った給食を紹介します。

ぼたんなべ ▶ 兵庫県

はくさい、長ねぎ、きのこなどの山の幸と煮こみます。

たんぱく質、ビタミン、鉄が豊富なイノシシ肉。

赤みそと白みそを合わせて味つけします。

こい赤色のイノシシ肉は、「ぼたん」の花に色がにています。

献立の例

写真提供／農林水産省WEBマガジン『aff』2020年12月号
〈丹波篠山市立西部学校給食センター（兵庫県）〉

・丹波篠山黒豆ごはん
・**天内芋入り根菜ぼたん汁**
・寒ザワラのデカンショねぎソース
・ふるさと野菜のゆずマヨネーズ和え

イノシシは食用として飼育していないので、猟でつかまえた野生のイノシシの肉を使います。市の面積の4分の3を森におおわれている兵庫県丹波篠山市では、ぼたんなべを給食用に調理したぼたん汁が出ます。名産を味わい、地域の自然環境を知るきっかけにもなっています。

食塩をへらすために、さんしょうで風味をつけるんだって！

ここがSDGs!

15 陸の豊かさも守ろう

＼チェック／
SDGsの取り組み

イノシシのふえすぎをふせぐ！

兵庫県では、イノシシが山から集落に下りてきて、人にけがをさせたり畑をあらしたりする被害がふえています。イノシシを猟でとって食べることは、イノシシがふえすぎるのをふせぐことにもなります。人間と野生動物が共存していくため、野生動物の肉を食べることも必要です。

鶏飯 ▶ 鹿児島県・沖縄県

ほぐしたとり肉、錦糸卵、
しいたけ、パパイヤの漬物、
みかんの皮など、
たっぷりの具をごはんの
上にのせます。

熱々の出汁をかけて
いただきます！

献立の例

・**鶏飯**
・**出汁**
・野菜の和え物
・ヨーグルト
・牛乳

写真提供／鹿児島市立西伊敷小学校（鹿児島県）

とり肉の生産量全国2位をほこる、鹿児島県で大人気の給食です。ごはんの上に具をのせ、とりを丸ごと煮てとった出汁をかけて食べます。おもてなし料理のひとつで、昔は各家庭で飼っていた貴重なとりを使いました。はじめ、鶏飯といえばたきこみごはんでしたが、1940年代に、出汁をかけるようになりました。

かきなます ▶ 宮城県・福島県・新潟県・岐阜県・奈良県・和歌山県・島根県・広島県など

かきのあまみがあって
おいしい。

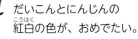

だいこんとにんじんの
紅白の色が、おめでたい。

干しがきのほか、かきの実を
そのまま使う地域もあります。

献立の例

・くりごはん
・サンマのかば焼き
・**かきなます**
・みそ汁
・牛乳

写真提供／和歌山市立西脇小学校（和歌山県）

かきには、岐阜県の富有や新潟県の平種無、奈良県の刀根早生など、さまざまな種類があります。日本一の生産量をほこるのは和歌山県です。干しがきを細長く切り、だいこんやにんじんと酢づけにしたかきなますは、正月のおせち料理に欠かせないという地域もあります。新鮮な野菜が少ない冬にも、栄養がとれる料理です。

肉・野菜・果物など②

加賀野菜 ▶ 石川県

加賀野菜は、ほかにも源助だいこんやヘタ紫なすなど全部で15種類！

加賀れんこん

加賀太きゅうり

加賀つる豆

打木赤皮甘栗かぼちゃ

金時草

ここがSDGs!

11 住み続けられるまちづくりを

15 陸の豊かさも守ろう

献立の例

写真提供／金沢市教育委員会（石川県）

・ごはん
・じわもん野菜で夏にメンチカツ（勝つ）！
・心も体もすっきり！**いかとつる豆のカラフルマリネ**
・さらっとはいる！**もずくと太きゅうりのなめらかスープ**
・すずしさばつぐん!!すいかとぶどうの夏ゼリー

地元の小学生が考えた献立をアレンジして給食にしたんだって！

　「加賀野菜」は、石川県金沢市一帯で、1945（昭和20）年より前からつくられている伝統野菜のことです。おせち料理に使われるくわいをはじめ、全部で15種類あります。金沢市では、地元の小中学生が考えた加賀野菜を使った献立を、給食に出しています。

＼チェック／
SDGsの取り組み

伝統野菜を保存しよう！

写真提供／金沢市農産物ブランド協会

　金沢市周辺で昔からつくられていた加賀野菜は、栽培に手間がかかるため、生産者がへりつつありました。そこで1991（平成3）年、それを心配した地元の人が加賀野菜の保存運動をはじめました。その運動が広がり、今では加賀野菜は全国に知られるようになりました。

いも煮 ▶ 山形県・宮城県

ねっとりしたさといもが主役！

肉は、牛肉を使う地域と
ぶた肉を使う地域があります。

しょうゆ味か、みそ味かも
地域によりちがいます。

長ねぎやごぼう、
こんにゃく、
まいたけなどの
山の幸を入れます。

献立の例

写真提供／米沢市立愛宕小学校（山形県）

・ごはん
・**庄内風いも煮**
・ツナの和え物
・ふりかけ
・牛乳

山側の
米沢市の小学校で、
海側のいも煮が
出たんだね！

いも煮は、さといもが主役のなべ料理です。地域によって味がちがい、山形県の海側ではぶた肉入りのみそ味、山側では牛肉入りのしょうゆ味、海と山の間にある地域は、ぶた肉でしょうゆ味。山形県米沢市の学校では、海側の地域の味つけのいも煮も食べることで、地域のちがいを学んでいます。

ここがSDGs!

11 住み続けられる まちづくりを

\チェック/
SDGsの取り組み

地域の交流を
深める「いも煮会」

写真提供／中山町観光協会

いも煮は、地域の人が集まるときの定番料理として親しまれてきました。地域の人が顔見知りだと、なにかあったときに助け合えます。また、定期的にいも煮会をすることで、災害時のたき出しの練習にもなります。そのほか、観光客が集まるイベントとしても楽しまれています。

和食のよさを見直そう！

2013年、和食が、ユネスコ無形文化遺産に登録されました。料理としての和食はもちろんのこと、自然を大切に思う日本人の心が高く評価されたからです。和食は、ゆたかな自然からとれる食材を、もとの味をいかしながら調理します。同じ料理でも地域によって味つけがこと

なるなど、さまざまな味わいがあります。

世界では健康食として知られている和食ですが、日本では食の洋風化が進むにつれて、その中心となるごはんの消費量がへっています。和食が「失われた文化」にならないためにも、未来に引きついでいくことがのぞまれています。

＼ 和食の特徴を見てみよう！ ／

野菜や海藻が多い

野菜や海藻にふくまれる食物繊維は、腸の中のいらないものをからめとって体の外に出してくれます。

油分の少ない調理方法

和食は、煮物や和え物、焼き物など、油分が少ない調理法が中心です。太りすぎや生活習慣病をふせげます。

ごはんを中心とした一汁三菜

ごはんと汁に加え、主菜と副菜で3品を目安に組み立てた献立（一汁三菜）で、栄養がかたよりなくとれます。

2巻の4～5ページで、魚の旬の時期を見てみよう！

主菜は魚中心

魚食が中心の食文化で、旬に合わせていろいろな魚が食べられます。魚の良質な脂質は、健康な体をつくります。

「いただきます」の文化

　食事のあいさつ「いただきます」は、食べ物を「いただく」ことから、できた言葉だとされています。食事のあいさつとして使われるようになったのは、今から160年以上前の江戸時代の終わりごろか、あるいはもっとあとだということです。

　「いただきます」は、使われるうちに、食材の命をいただくことや、つくってくれた人への感謝の気持ちを表すようになりました。世界にはない、食に対する日本人の心がこもったすてきな言葉です。

さまざまな色や形の食器

　和食では、料理に合わせて食器の色や形を選びます。また、食器の材質もさまざまです。地域に根ざした伝統工芸を知ることができます。

腸によい発酵食品

　発酵食品（→10ページ）にふくまれる微生物の働きで、体の中に栄養を取り入れやすくなったり、おなかの調子がよくなります。

出汁のうまみを使った料理

　カツオ節やコンブなどでとった出汁には、うまみ成分が豊富です。出汁をきかせることで、味つけがこくなりすぎません。

はしづかい

　毎日はしを使うことで、はしについてのマナーを知り、日本の文化を学ぶことにつながります。

よいところが
いっぱいの和食を
未来に伝えて
いきたいね！

特別な日の料理①

とり肉のほか、かつてはスッポンや魚なども使いました。

がめ煮（筑前煮）▶
福岡県・佐賀県・大分県など

ごぼう、さといも、にんじん、さやいんげん、干ししいたけ、たけのこ、こんにゃくなどが入った栄養たっぷりの煮物。

正月や結婚式、お祭りなど、お祝いの席には欠かせない料理です。

ここがSDGs!

献立の例

写真提供／新宮町立CS（コミュニティースクール）新宮小学校（福岡県）

・きんぴら寿司
・**がめ煮**
・切り干しだいこんの酢の物
・柏もち
・牛乳

\チェック/
SDGsの取り組み

命をむだにしない食べ方

江戸時代の福岡では卵料理も食べていた。当時の「卵ふわふわ」の再現写真。

全国的には筑前煮として知られる料理ですが、福岡県では「がめ煮」とよばれます。名前の由来はいくつかあり、よせ集めるという意味の博多弁「がめくりこむ」が変化したという説や、スッポン（博多弁でどぶがめ）を使う料理だったからという説などがあります。地域の食材がいくつも入った煮物で、栄養満点です。

約300年前の江戸時代の半ばごろ、福岡では各家庭でニワトリを飼うことがすすめられ、卵を特産品として大阪などに出荷していました。かつて、がめ煮のとり肉は、年をとって卵を産まなくなったニワトリを材料にしたそうです。食材の命をむだにしない、食べ方です。

ぼっかけ ▶ 福井県

温かいごはんに
汁をかけて食べます。

汁の具は、あつあげ、
糸こんにゃく、
ごぼう、だいこん、
にんじんなど。

ぼっかけの名前の由来は、
「ぶっかける」が変化した
という説や、「ぼっかける」
（「追いかける」の意味）から
きたという説があります。

献立の例

写真提供／美山学校給食センター（福井県福井市）

・お和えごはん
・ぼっかけ汁
・とり肉の
　さっぱり煮
・ミニトマト
・牛乳

ぼっかけ汁を
ごはんにかけると、
ぼっかけの完成！

福井県で100年以上食べられている
ぼっかけは、お客さんが来たときや、正月
や結婚式といった特別なお祝いで出され
る料理です。帰るお客さんをぼっかけて
（追いかけて）まで食べてもらいたいほど、
おいしい料理として親しまれてきました。
県内では、地域の伝統料理を伝えるため、
学校の給食に登場します。

ここがSDGs!

11 住み続けられる
まちづくりを

\チェック/
SDGsの取り組み

ぼっかけで町おこし！

写真提供／勝山商工会議所（福井県）

　ぼっかけは、地域によって使う具がちがいま
す。県の北東部、勝山市の飲食店では、かまぼ
こと三つ葉を使って各店でくふうした「勝ち山
ぼっかけ」（上の写真）で町おこしをしています。
食べる機会が少なくなったぼっかけを残してい
きたいという、町の人の願いがこめられています。

特別な日の料理②

北海道の赤飯は、甘納豆を使うのであまい味！

赤飯 ▶ 北海道

ごま塩をかけていただきます。

食紅で色づけした、もち米のごはん。

献立の例

- **赤飯**
- イカフライ
- 五目煮
- すだちゼリー
- 牛乳

写真提供／札幌市立発寒小学校（北海道）

赤飯は、赤い色が邪気（病気など）をはらうとされ、お祝いには欠かせない料理です。一般的にはもち米とささげ豆をむしてつくりますが、北海道ではごはんに甘納豆をまぜる、あまい味です。ごま塩のしょっぱさであまみが引き立っておいしく、学校給食では卒業のお祝いなどで出されています。

ここがSDGs！

\ チェック /

SDGsの取り組み

甘納豆で調理時間を短く！

北海道の赤飯は、今から約70年前に、札幌市の料理学校の先生が考えたといわれています。いそがしくても手軽につくれるようにと、砂糖づけにした甘納豆（上の写真）を使いました。おいしくて、短時間でつくれて調理するときのエネルギーの節約にもなり、いいことずくめです。

黒豆は、あらかじめ煮ておきます。
砂糖としょうゆで味をつける地域も
あれば、味をつけない地域も
あります。

見た目から「目玉」と
よばれることもあります。

むしたもち米に
煮た黒豆をまぜます。

きな粉をかけて食べる
地域もあります。

ここがSDGs!

3 すべての人に健康と福祉を

献立の例

写真提供／能登町立宇出津小学校（石川県）

- **黒豆ごはん**
- あつあげと
  キャベツの
  みそ炒め
- すまし汁
- 牛乳

みたまは黒豆ごはんのことで、なくなった人
のたましいをさす「御霊」という漢字で書かれ
ることもあります。赤飯のように、火事を連想
する赤色ではないので、建物を建てるときの儀
式で出されるほか、お祝いやお葬式、お祭りで
も食べます。黒豆のほくほくした味が、おいし
いごはんです。

\チェック/
食材の取り組み

黒豆で
健康をいのる

　黒豆は、正月のおせち料理にも使われ、まめに
働き、まめに動くことを「豆」とかけて、健康に
過ごすことへの願いがこめられています。実際、
黒豆にふくまれるポリフェノールという成分には、
生活習慣病をふせぐ働きがあります。健康のため
にも、日ごろから取り入れたい食材です。

まだまだある！
山の幸の郷土料理

日本全国には、山の幸を使った郷土料理がたくさんあります。食材をむだにしないための知恵ももりだくさん！ 給食の献立に登場している郷土料理も、まだまだたくさんあります。その一部を紹介します。

まつたけごはん（京都府）

京都府では昔からまつたけの生産がさかんですが、生産量はへっています。まつたけは人工栽培ができないため、森の生育環境を整えることが大切です。

くりつぼ（長崎県）

とり肉やにんじん、れんこんなどの根菜に、くりの甘露煮を加えた地域伝統の煮物。料理名の由来は、料理をもるおわんをつぼに見立てたことからきています。

ゴーヤーチャンプルー（沖縄県）

ゴーヤー（にがうり）をとうふや卵と炒めた料理。ゴーヤーは、沖縄県で昔から食べられていて、生産量も沖縄県が1位です。

ぶたみそ（鹿児島県）

ぶた肉とみそ、砂糖などをまぜ合わせてつくる料理。ぶたの飼育がさかんな鹿児島県で、あらゆる部位をむだなく使うために考えられた料理のひとつです。

いなかずし（高知県）

県内でとれる山の幸をネタにしたすしです。おもなネタは、みょうが、たけのこ、しいたけ、こんにゃくなど。酢飯には、ゆずなどのしぼり汁を使います。

せんべい汁（青森県）

小麦粉が原料の「南部せんべい」を、みそ汁やなべに入れた料理。南部せんべいは、冷害が多く米があまりとれなかった地域の貴重な保存食でした。

ジンギスカン（北海道）

羊肉を焼いて食べる料理。もともと羊毛を取るために飼っていた羊を、食用として消費するために考えられたのがジンギスカンであるともいわれています。

三五八漬（福島県）

ごはん、麹、塩をまぜ合わせたものに野菜をつける漬物。発酵食品の一種で、野菜をあまらせることなく使い切れて、健康にもよい郷土料理です。

油麸丼（宮城県）

油麸を煮て卵でとじたものをごはんにのせます。油麸は、たんぱく質がとれる食材として、肉が苦手な人などにも人気のある食材です。

あほだき（三重県）

長期間つかりすぎたたくあんを、再利用した料理です。たくあんをうす切りにして水につけ、塩分をぬいて、しょうゆや砂糖で煮ます。

かんぴょうの卵とじ（栃木県）

栃木県の特産品であるかんぴょうを使った汁物。加工に失敗したかんぴょうをむだにしないために使ったのがはじまりです。

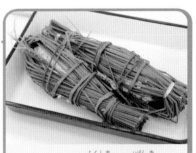

こもどうふ（福島県、茨城県、群馬県、岐阜県、鳥取県など）

とうふを納豆のようにわらで包み、塩ゆでしたもの。わらを持ちよって、村のみんなでつくった料理だといわれています。

写真提供／農林水産省Webサイト「うちの郷土料理」

みんなにもできる！
山の幸のSDGs

日本の山の幸（さち）の未来（みらい）、山の幸（さち）の給食を守るために、みんなにもできることがきっとあるはずです。
自分がふだん、できることをさがしてみましょう！

＼ すてないで、食べてみよう！ ／

ポリポリおいしいかぼちゃの種（たね）

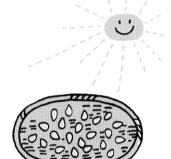

❶かぼちゃの種（たね）を取り出してきれいにあらい、ざるに広げて2〜3日かわかす。

からをむくときは、つめ切りを使うとむきやすい！

❷フライパンでからに軽くこげ目がつくまで炒（い）る。からをむいて中身を取り出して食べる。

ここがSDGs!

いつも食べないですててしまうところでも、じつは食べられるものがあります。食べられるのにすててしまうなんて、もったいないですね。おいしく食べながら、食品ロスをへらすことに取り組んでみましょう。

すてるところも
食べれば
食品ロスが
へらせるね！

すいかの漬物（つけもの）

❶すいかの赤い部分は食べ、かたい緑の皮をむいて取りのぞく。食べやすい大きさに切る。

❷ビニール袋（ぶくろ）に入れて塩（しお）をふりかけてもみ、冷蔵庫（れいぞうこ）で1日置（お）く。水気をしぼったらできあがり！

※塩（しお）の量（りょう）は、100gのすいかに対して、1.5gくらい。

形の悪い野菜でも食べよう！

ここがSDGs!

買う人がいやがるからと、おいしくても、きれいな形でない野菜がすてられることもあります。そのような野菜は、スーパーや農産物直売所などで、「ふぞろい野菜」などとして売られたりしています。みんなが形を気にせず食べる世の中になれば、食品ロスがへらせます。

山を守る活動に参加しよう！

ここがSDGs!

山の環境を守る活動に参加してみましょう。山登りのときにごみを拾うことは、自分たちでも取り組みやすい活動です。また、山に木を植える植林のボランティアを募集していることもあります。インターネットで「都道府県名　植林ボランティア　小学生」などと検索してみると、地域でおこなっている活動をさがせます。

学校で、植林活動！

地域の自然を守るため、植林の体験学習をしている学校があります。写真は、秋田県横手市の山内小学校の植林の様子です。学校の林に、5年生が100本のスギの苗を植えました。山内小学校では、自然を守り育てる気持ちを大事にしてほしいとの願いから、森林の下草がりなどの体験学習もおこなっています。

写真提供／横手市森林組合（秋田県）

ほかにもどんなことができるか、みんなで話し合ってみてね！

【あ行】

小豆（あずき）･････････････ 5,24,25

アスパラガス･･･････････････････ 4

油麩（あぶらふ）･･･････････････ 37

あほだき･･････････････････････ 37

甘納豆（あまなっとう）･･･････････ 34

一汁三菜（いちじゅうさんさい）････ 30

いなかずし･･･････････････････ 36

イノシシ･･･････････････････ 6,26

いも煮（に）･････････････････ 29

うどん･･････････････････ 18,19,23

栄養（えいよう）バランス･････ 12,19

SDGs（エスディージーズ）･･ 8,10,11,13,14,15,16,17,
18,19,20,21,24,26,28,
29,32,33,34,35,38,39

えだ豆･･･････････････････････ 4

【か行】

加賀野菜（かがやさい）･････････ 28

かき･･････････････････････ 5,27

カツオ節（ぶし）･･････････ 10,19,31

かてめし･････････････････････ 17

かぼちゃ･･････････････ 4,18,21,38

がめ煮（に）･･･････････････････ 32

がんづき･････････････････････ 20

かんぴょう･･･････････････････ 37

きな粉（こ）･･･････････････ 24,35

きのこ･･････････････ 7,15,17,24,26

きゅうり･･･････････････････ 4,16

郷土料理（きょうどりょうり）･･･ 5,12,16,18,23,
24,25,36

きりたんぽ･･･････････････････ 15

くり･･････････････････････ 5,17,36

くるみ･･････････････････････ 14,20

黒豆（くろまめ）･･････････････ 35

くわい･･･････････････････････ 28

鶏飯（けいはん）･･････････････ 27

けの汁（じる）･･･････････････ 25

ゴーヤー･････････････････････ 36

ごはん･･････････････ 12,14,15,16,17,24,
27,30,33,34,35,37

五平（ごへい）もち･･････････････ 14

ごぼう･･････････ 5,15,21,25,29,32,33

ごま･･････････････････････ 16,20

こまつな･････････････････････ 5

小麦（こむぎ）･･････････ 18,19,20,22,23

小麦粉（こむぎこ）･･････ 18,20,21,23,25,37

米（こめ）･･････ 5,8,9,14,15,16,17,22,37

米粉（こめこ）･･･････････････ 20

こもどうふ･･･････････････ 24,37

【さ行】

三五八漬（さごはちづけ）･･････ 37

さつまいも･････････････････ 5,17

さといも･････････････ 17,21,29,32

里山（さとやま）･･･ 4,5,6,7,8,12,14,17

さぬきうどん･････････････････ 19

さやいんげん･･･････････････ 17,32

山菜（さんさい）･･････ 4,5,7,17,25

しいたけ･･･････････ 4,5,17,27,36

しっぽくうどん････････････ 19

しめじ･･･････････････････ 5

じゃがいも･･････････････････ 18

旬（しゅん）･･･････････････ 5,30

食品（しょくひん）ロス･････ 38,39

ジンギスカン･････････････ 37

すいか･････････････････ 38

ずいき･･･････････････ 17

すいとん････････････ 21

生産量（せいさんりょう）･･ 2,15,19,25,27,36

赤飯（せきはん）･･･････････ 34

せんべい汁（じる）･･････ 37

ぜんまい･･････････ 4

【た行】

だいこん･･･ 5,17,18,19,21,25,27,33

大豆（だいず）････ 5,10,11,22,24,25

たけのこ･･･････････ 4,32,36

出汁（だし）･･････ 10,15,19,27,31

玉ねぎ（たまねぎ）･･･････ 4

たんぱく質（しつ）･･ 16,19,23,25,26,37

筑前煮（ちくぜんに）･･･ 32

地産地消（ちさんちしょう）･ 12

でっちようかん･･･ 25

とうふ･･････ 16,19,25,36,37

とうもろこし･･･ 4

トマト･･････ 4

とり肉･･････ 15,27,32,36

【な行】

長（なが）ねぎ･･ 5,15,19,21,24,26,29

なす･･････ 4

納豆（なっとう）･･ 10,11

ニジマス･･････ 4

にんじん･･ 4,5,17,19,21,25,
27,32,33,36

農業（のうぎょう）･･ 4,5,7,8,23

【は行】

はくさい･････ 5,18,26

発酵食品（はっこうしょくひん）･･ 10,11,12,31,37

冷（ひ）や汁（じる）･･ 16

ふき･･････ 4

ぶたみそ･･････ 36

ほうとう･･････ 18

朴葉（ほおば）みそ･･ 24

干（ほ）しがき･･ 27

干（ほ）ししいたけ･･ 17,32

保存食（ほぞんしょく）･･ 5,15,37

ぼたんなべ･･････ 26

ぼっかけ･･････ 33

【ま行】

まつたけ･･････ 36

みかん･･････ 5,27

みたま･･････ 35

麦（むぎ）･･････ 4,9,18,22,23

もち米（ごめ）･･ 34,35

【や行】

野菜（やさい）･･ 4,5,6,10,17,18,19,21,
26,27,28,30,37,39

ようかん･･････ 24,25

【ら行】

りんご･･････ 5,7

れんこん･･････ 5,36

【わ行】

和食（わしょく）･･ 12,30,31

わらび･･････ 4

監修 中西 明美（なかにし あけみ）

女子栄養大学 栄養学部 准教授

栄養士、管理栄養士、栄養教諭。広島女子大学卒業後、広島市内の小学校で学校栄養職員として勤務。その後、女子栄養大学大学院博士課程を終了し、2012年より現職。小中学校での食育や、自治体での学校給食メニューの開発などにも取り組む。共著として、『女子栄養大学のバランスのよい食事法』（女子栄養大学出版部）などがある。

監　　　修	中西明美
装丁・本文デ ザ イ ン	フレーズ（岩瀬恭子、田中 麦）
イ ラ ス ト	もり谷ゆみ、角 愼作
企画・編集	頼本順子、渡部のり子（小峰書店）
編 集 協 力	WILL（戸辺千裕）、鈴木紗耶香
Ｄ　Ｔ　Ｐ	WILL（小林真美）
校　　　正	村井みちよ
写 真 協 力	〈表紙の給食〉新宮町立 CS 新宮小学校（福岡県） 全国の小学校・自治体・企業・団体等（写真そばに記載）、photolibrary、PIXTA、Shutterstock.com
参 考 資 料	『食育基本法・食育推進基本計画等』『作物統計調査』『農林水産物輸出入情報』『aff（2022年11月号ほか）』「麦をめぐる最近の動向（令和5年）」「うちの郷土料理」HP（農林水産省）、『貿易統計』（財務省）、『いま、獲らなければならない理由ー共に生きるためにー』（環境省）、「栄養指導車（キッチンカー）──アメリカ農産物と戦後日本の食生活変遷」『JunCture：超域的日本文化研究　11』ネイスン・ホプソン（名古屋大学大学院文学研究科附属日本近現代文化研究センター）、『新版 加賀野菜 それぞれの物語』松下良著（金沢市農業水産振興課）、「セルラーゼの話題」苅田修一HP、「とれたて大百科」HP（JAグループ）ほか

国連 SDGs HP（https://www.un.org/sustainabledevelopment/）

The content of this publication has not been approved by the United Nations and does not reflect the views of the United Nations or its officials or Member States.

たのしい給食！ いちばん身近なSDGs
③ 山の幸の給食

2023年4月6日　第1刷発行

発 行 者　小峰広一郎

発 行 所　株式会社 小峰書店
　　　　　〒162-0066　東京都新宿区市谷台町4-15
　　　　　TEL　03-3357-3521
　　　　　FAX　03-3357-1027
　　　　　https://www.komineshoten.co.jp/

印刷・製本　図書印刷株式会社

オリジナル給食を考えよう！

住んでいる地域（ちいき）でつくられる食材（しょくざい）を調べたり、給食で解決（かいけつ）できそうな
SDGs（エスディージーズ）の問題を調べたりして、オリジナル給食を考えてみましょう。

右のシートをコピーして、使ってください。

おうちの人と
実際（じっさい）につくって
食べてみてもいいね！

記入例（れい）

オリジナル給食シート

４ 年 ４ 組	名前 市井 美月

タイトル

山から里からおいしい給食 ←

みんなの目にとまるような
タイトルを考えてみよう！

おすすめポイント

里山でくらしていたことがある、おばあちゃんが
子どものころ すきだった料理を集めました！ ←

なにに注目してつ
くった献立（こんだて）なのか、
わかるといいね！

どんな給食？（イラストや献立名（こんだて）など）

のっぺい汁
さといも・にんじん
ごぼう・こんにゃく・
ちくわ・ぎんなん・
しいたけが入り
ます。具がたっぷ
りです。

ささだんご
ささのいいかおりがして
おいしいです。
つぶあん。

ささずし
ささの上にすめし
をのせて、具を
のせます。具は、
ぜんまいやふきみそ
たけのこなどの山
の幸や卵です。

どんな料理（りょうり）なのか、
説明（せつめい）があると、わか
りやすいよ！

献立（こんだて）をつくってみた感想

おばあちゃんのお父さんは お米の農
家だったそうです。お母さんが ささずしを作るときは、さ
さをとって お手伝いしたそうです。今度、おばあちゃんと
ささずしを作るやくそくをしたので、わたしもお手伝いをした
いと思います。ささずしを食べるのが 楽しみです。

どんなことを思った
か、これからどんな
ことをしてみたいか
を書いてね。